AF310244

... action Populaire

SÉRIE SOCIALE

JEAN-PIERRE

BIBLIOTHÈQUE RURALE

Petits métiers

et

Petites cultures

DEUXIÈME ÉDITION

Le numéro : 0 fr. 25

PARIS	REIMS	PARIS
Maison Bleue	**Action Populaire**	**Victor Lecoffre**
4, rue des Petits-Pères, 4	5, rue des Trois-Raisinets, 5	90, rue Bonaparte, 90

Tous droits réservés.

BIBLIOTHÈQUE FÉMININE

BROCHURES DE L'ACTION POPULAIRE A **0** FR. **25** (FRANCO)

Bar-le-Duc. — Impr. Brodard, Meuwly et Cie. — 6232,6,13.

BIBLIOTHÈQUE RURALE

BROCHURES DE L'ACTION POPULAIRE A **0** FR. **25** (FRANCO)

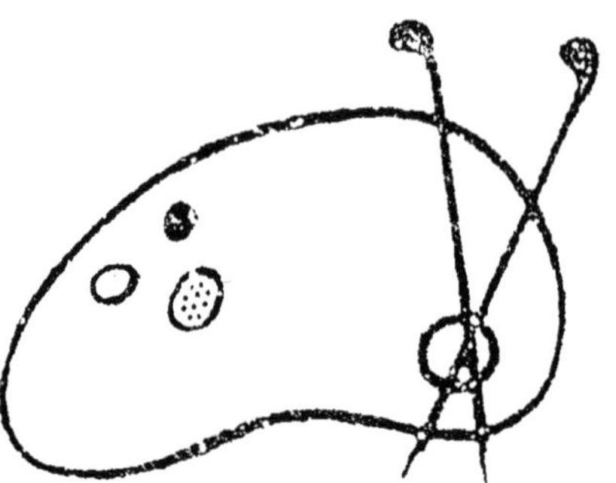

Fin d'une série de documents
en couleur

Action Populaire

SÉRIE SOCIALE

JEAN-PIERRE

BIBLIOTHÈQUE RURALE

Petits métiers

et

Petites cultures

DEUXIÈME ÉDITION

Le numéro : 0 fr. 25

PARIS	REIMS	PARIS
Maison Bleue	**Action Populaire**	**Victor Lecoffre**
4, rue des Petits-Pères, 4	5, rue des Trois-Raisinets, 5	90, rue Bonaparte, 90

Petits métiers et petites cultures

Introduction.

Les progrès de la mécanique, la concentration de l'industrie moderne, l'extrême bon marché de ses produits, ont peu à peu fait disparaître presque partout les petites industries rurales et les petits ateliers domestiques, qui contribuaient autrefois si puissamment au bien-être du campagnard et au maintien de la famille rurale.

Plus de fileuses, plus de tisserands à domicile, plus de vanniers, de dentellières, de teilleurs de lin ou de chanvre, plus de dévideuses, de brodeuses, plus de tresseurs de paille, plus de boisseliers, ni de tabletiers à domicile; c'est tout au plus si le sabotier est encore à son établi et si la paysanne continue à tricoter en gardant son troupeau ou en allant au marché.

De là résulte que des mois entiers s'écoulent pendant la mauvaise saison sans travail, par conséquent sans salaire pour l'ouvrier rural, et que la faim, qui fait sortir le loup du bois, chasse le paysan vers la ville où il se flatte de trouver un salaire plus élevé, moins de morte-saison et des secours plus faciles en cas de détresse. Il n'y rencontre souvent que déception et misère. Bien des fois, après avoir vendu, pour aller à la ville, la chaumière ou le petit champ dont il était propriétaire, il vient s'échouer, lui et les siens, dans un de ces horribles taudis urbains, où la cherté des vivres, l'inexorable échéance du terme et la tristesse monotone de l'existence lui font presque toujours regretter le pays natal.

Puis l'orgueil le retient sur le chemin du rapatriement; à aucun prix il ne veut s'avouer vaincu, ni reconnaître son erreur aux yeux de ses compatriotes, et la famille de « déracinés » reste quand même dans sa mansarde urbaine, où elle végète, perdue pour la province, presque perdue pour la patrie.

***

L'Ecole de Le Play, contrairement à l'Ecole socialiste, qui, elle aussi, réclame la concentration des ouvriers dans de vastes usines ou fabriques, placés sous la tutelle ou la surveillance de l'Etat, voudrait qu'on en revînt à l'atelier familial, pour éviter les vastes agglomérations anémiantes et corruptrices et retenir aux champs nos paysans irrésistiblement attirés vers les villes tentaculaires et les usines dévorantes.

« Un des moyens par lesquels le propriétaire rural pourrait le mieux faire sentir son action, exercer son patronage et retenir le paysan à la campagne, serait, écrivait M. René Lavollée, un disciple de Le Play, la reconstitution des petits ateliers domestiques, dans la mesure où elle est possible, et l'exécution de travaux agricoles pendant l'hiver. Ces travaux, il est vrai, sont quelquefois coûteux ; ils ne sont pas toujours indispensables, et, dans l'état de crise que traverse l'agriculture, on s'abstient le plus souvent de les faire faire ; un propriétaire, ayant le sentiment de son devoir social, n'hésitera cependant pas à les entreprendre ; il y sera même déterminé par le souci de ses intérêts bien entendus, car si, faute de travail pendant les mois d'hiver, il laisse se dépeupler peu à peu le pays qu'il habite, où trouvera-t-il les auxiliaires indispensables ? et à quel taux finira par se trouver réduite la valeur de sa terre ? »

Sans doute, ce plaidoyer est plutôt fait en faveur des propriétaires terriens que des ouvriers agricoles, mais qu'importe, il y avait une indication.

M. Fernand Engerand, député du Calvados, s'est préoccupé de la question et, après avoir cherché et réussi, dans une certaine mesure, à donner une impulsion nouvelle à l'industrie dentellière, pour procurer à nos paysannes un supplément de ressources, il a, dans un projet de loi, demandé au ministre du Commerce un crédit de 10.000 fr. pour faire procéder par l'Office du travail à une enquête :

1° Sur le chômage des ouvriers agricoles ;

2° Sur les industries susceptibles d'être pratiquées dans la famille ou dans de petits ateliers ruraux et de fournir aux travailleurs des campagnes des ressources complémentaires ;

3° Sur la situation des ouvriers et des ouvrières des industries rurales faisant travailler à domicile ;

4° Sur les moyens propres à sauver celles de ces industries qui périclitent et à empêcher le déclin de celles qui ont pu résister à la double concurrence de l'usine et de l'étranger.

Cette idée, aussi neuve que féconde, méritait d'être prise en sérieuse considération, car, mise en pratique, elle peut retenir aux champs des milliers de ruraux. Trouvant chez eux un supplément de salaire reconnu indispensable, ils n'auront plus la tentation d'aller de gaieté de cœur s'enfermer dans des taudis urbains pour gagner des journées qui n'équivaudraient pas, bien que supérieures, à celles qu'ils retireraient de leurs champs et de leur industrie domestique. Sans compter qu'ils resteraient leurs maîtres et pourraient respirer à pleins poumons l'air vivifiant des champs.

« Somme toute, écrit M. Engerand, le problème se ramène à ceci : permettre à l'ouvrier rural de gagner chaque année, par son travail, au moins 200 fr. de plus qu'il ne le fait actuellement. Le moyen serait de recréer dans les campagnes de nouvelles sources de travail, d'y réveiller une activité économique qui se meurt. La tentative n'est pas irréalisable ; l'exemple d'autres pays, et notamment de la Russie, atteste qu'elle peut être utilement essayée. »

*_**

Le paysan russe, forcé de ne consacrer à la terre et à la culture des champs que quelques journées par an, doit demander ses moyens d'existence à un certain nombre d'industries domestiques destinées à lui fournir un complément de salaire indispensable pour l'empêcher de mourir de faim.

En effet, le paysan russe, devenu par la force des choses un *Koustar* (1), c'est-à-dire un artisan rural, ne peut, dans le nord, consacrer à ses champs que 23 jours par an, 28 dans le nord-est, 39 dans le sud-est, 32 dans le centre et un maximum de 45 dans la Nouvelle Russie. En moyenne, le travail agricole en Russie dure de 50 à 60 jours par an. Or, en ne tenant pas compte des fêtes, il reste au paysan russe annuellement 250 jours à consacrer à la confection à domicile d'objets de toute nature : vannerie, cordonnerie, menuiserie, serrurerie, peinture d'icones, etc. Mais le koustar excelle dans le travail du bois qu'il écoule en partie en France (cuillers, pelles, râteaux pour enfants),

---

(1) Le mot *Koustar* est un dérivé du mot allemand *Künstler*, artiste.

et dans la dentelle, dont on vend pour 8 millions de francs par an.

Le koustar, dit un économiste russe, fournit ses objets au paysan et au citadin, aux maîtres et aux domestiques. Il habille et il chausse l'armée russe et travaille pour la flotte, l'artillerie, les chemins de fer. Ses produits arrivent jusqu'aux hôtels luxueux et jusqu'aux palais impériaux. Les belles dentelles russes sont portées par les Parisiennes et hautement appréciées en Amérique. Le petit industriel russe travaille les objets les plus divers : en bois, en métal, en terre glaise, en pierre, en cristal, en cuir, en corne, en crin, en lin, en chanvre, en coton, etc. Il confectionne les produits les plus grossiers et les plus fins, en commençant par les chariots à fumier et jusqu'aux menus objets pour l'ornement des salons, les objets artistiques en bois sculpté et doré et en mosaïque, des articles de bureau, des portefeuilles, des albums, des meubles en bois tourné qui ne sont pas inférieurs à ceux importés de l'étranger, des cages à oiseaux au prix de 3o centimes et jusqu'à 100 fr. la pièce, etc., et jusqu'aux énormes chalands et même jusqu'aux bateaux de mer. Le koustar produit toutes sortes d'objets en matières textiles, en cuir et en fourrures. Il arrive à produire des broderies, des dentelles, des émaux, des objets en papier mâché peints d'un goût exquis et d'un travail fin qui constituent de véritables chefs-d'œuvre de la petite industrie rurale russe.

La famille entière collaborant à la confection et production d'objets de toutes sortes, on retrouve là la division du travail devenue indispensable dans la grande industrie, et cette sorte de coopération familiale n'est pas la moindre originalité du travail des koustari. De là la fondation d'écoles d'apprentissage et professionnelles volantes destinées à apprendre aux paysans les nouveaux procédés de fabrication, sans compter l'ouverture d'expositions, la publication de brochures populaires et de recueils de dessins.

On évalue à 12 millions le nombre de koustari qui s'adonnent en famille à ce genre de travail dont la valeur est de 4 milliards par an. Le gouvernement leur accorde une subvention de 9oo.ooo fr. et favorise ces industries rurales en leur faisant des commandes pour la guerre, la marine et les chemins de fer.

***

« Ce qui s'est fait en Russie, dit M. Engerand, a été aussi tenté en Suède, en Hongrie, en Angleterre. On voit par là que l'organisation de *l'industrie rurale* est possible ; on soupçonne tout ce qu'on pourrait entreprendre dans cet ordre d'idées et la grande œuvre sociale que l'intérêt national commande.

« De très intéressants efforts se font pour développer le travail à domicile et rénover l'atelier familial par l'utilisation des chutes d'eau et le transport de la force motrice ; qui sait s'il n'y a pas là les prodromes d'une révolution économique, et si l'électricité ne restituera pas aux campagnes cette vie que la vapeur y avait suspendue en concentrant le travail dans les usines et autour des usines ? »

M. de Boissieu nous a précisément cité une tentative faite dans l'Isère et la Loire, à Voiron et à Charlieu surtout, qui a enrayé l'émigration vers les villes, et cela grâce à l'introduction au foyer, comme travail d'appoint, du tissage soyeux, qui demande quelques bras seulement et ne les occupe pas tout le temps.

Tel cultivateur vivait assez péniblement de l'exploitation de son modeste domaine, et plusieurs de ses enfants étaient décidés à l'émigration. Mais voici les métiers à tisser introduits dans son village, dans sa maison ; les femmes y travaillent la majeure partie de la journée, les hommes les jours de pluie ou pendant les soirées d'hiver. La famille en question restera aux champs, groupée et prospère, et l'aisance qui, grâce à la soierie, pénétrera dans son foyer, lui permettra de tirer meilleur parti de son domaine, d'y faire même un peu de culture intensive. M. Ardouin-Dumazet, dans son livre sur les « *Petites Industries rurales* », Paris, Lecoffre, p. 135 et p. 170, cite l'exemple d'Oyonnax, où « les grands ateliers se voient abandonnés pour le travail en famille, depuis qu'une compagnie distribue la force motrice à domicile. »

***

La difficulté est précisément de trouver, pour la paysanne et le paysan, d'autres métiers auxquels ils puissent s'adonner en dehors et à côté de leurs travaux agricoles.

La machine a fait disparaître à peu près complètement un certain nombre de métiers de famille, par exemple la filature, le tissage, le tricot, etc. ; à ceux qui subsistent : broderie, dentelle, tapisserie, ganterie, couture, elle fait une concurrence telle que ces métiers, continuant à lutter avec la machine sur le propre terrain de la machine, seront avant peu tout à fait détruits par le bon marché. Or, ces métiers occupent encore à peu près les deux tiers des populations féminines rurales de la France et de l'Europe, et une partie importante des ouvrières des villes. Leur disparition jetterait dans les fabriques un très grand nombre de ménages, qui vivent encore à la campagne ; il en résulterait, outre les conséquences morales et sociales d'un pareil déplacement, une concurrence faite aux ouvrières des fabriques par l'abondance de la main-d'œuvre féminine ; donc, pour les familles ouvrières, un surcroît de misère et, pour la société en général, une exagération de la crise dont elle souffre déjà.

Mme Paul Vigneron, dans une étude sur ce sujet, est d'avis qu'il est inutile et illusoire de songer à remplacer par le travail à la main le produit de la machine qui, le plus souvent, fait mieux, plus vite et à meilleur marché.

Il est certain, écrit-elle, que demander à la main un travail que la machine fait mieux et plus rapidement, est un non-sens, et qu'espérer, par des moyens artificiels, lutter contre l'abaissement normal amené par la facilité et la rapidité de la fabrication, est une illusion. La main ne luttera pas contre la machine en ce qui est travail purement machinal. L'outil humain, considéré uniquement comme outil, est inférieur pour la régularité, la rapidité, le coût de l'entretien à l'outil mécanique, et cette infériorité ne fera qu'augmenter par le perfectionnement croissant des machines. En ce qui concerne les métiers féminins, il faut tenir compte aussi de ce fait que la machine demande peu ou pas d'apprentissage et permet d'employer des ouvriers quelconques, hommes et enfants, à ce qui était autrefois ouvrage de femme ; les fabrications de broderies, de dentelles, sans parler des tissages, et des filatures, même des blanchisseries, emploient des hommes et des enfants. Le temps vient où une femme ne saura que faire de ses dix doigts.

Peut-être faudra-t-il cesser de regarder la main-d'œuvre féminine comme un outil, et comprendre que la valeur du travail à la main est, dans l'originalité, la fantaisie artistique du cerveau qui guide la main plutôt que dans l'exécution matérielle. En effet, si on doit reproduire un dessin à des milliers d'exemplaires, la machine vaut mieux que la main ; mais s'il s'agit d'inventer, comme le plus humble des artisans du moyen âge savait le faire, la main, qui suit l'invention dans ses caprices et ses variétés, est supérieure à la machine. La fabrication à la main, plus chère que la fabrication à la machine, devrait être réservée aux objets de luxe empreints d'originalité, et qui ne sont pas destinés à des reproductions multiples.

C'est ainsi qu'en Franche-Comté l'introduction des points à l'aiguille, appelés dentelles Renaissance, a fait tripler et quadrupler les salaires journaliers des dentellières ; des ouvrières villageoises gagnent ainsi 8 fr., 10 fr., et jusqu'à 12 fr. par jour. Elles créent ou modifient elles-mêmes leurs dessins ; elles sont artistes. En revanche, dans des pays, comme l'Auvergne, où les dentellières continuent à fabriquer les dessins courants, la dentelle est vendue au poids à des intermédiaires et le salaire s'est abaissé dans certains cantons jusqu'à o fr. 40 et même o fr. 3o par jour pour 10 h. de travail.

Citons aussi, parmi les industries en chambre, le crochet, qui est une variété de la dentelle, le filet, les voilettes chenillées, et enfin les chapeaux de paille tressée (1).

Il est à remarquer que la plupart de ces industries ne sont pas l'occupation exclusive des ouvrières qui les pratiquent.

Quand vient l'époque du chômage, l'hiver maussade et revêche, hostile aux humbles, la jeune paysanne du Centre et du Nord, la petite pêcheuse de l'Ouest, l'ouvrière des villages délaissent la bêche, les filets de pêche ou l'outil inutile et font de la dentelle, de la broderie ou des fleurs.

Ainsi sortent souvent de cabanes enfumées et tristes ces bibelots charmants, ces œuvres d'art délicates dont se parent avec orgueil celles que la fortune a favorisées.

Elles ne se doutent pas qu'elles pourraient, si elles se montraient moins frivoles et plus préoccupées de leurs sœurs des campagnes, leur fournir bien souvent, sans que cela coûtât rien à leur coquetterie, un précieux gagne-pain, et les retenir aux champs. Sur près de 400 dentellières ou filetières de l'association

---

(1) Ce dernier travail toutefois rencontre de grandes difficultés, à cause des pailles à employer et en raison des changements presque fantastiques de la mode.

dentellière de la Lozère, on ne compte que 7 jeunes filles qui aient quitté les villages où ont été créées ces industries nouvelles (1).

****

Pour retenir les paysans ou les paysannes à la campagne, il s'est fondé des œuvres parmi lesquelles nous citerons celle de *L'Aiguille à la campagne* (2), fondée par Mme de Marmier, en 1895, et qui se propose de venir en aide aux jeunes filles et aux femmes en développant dans les villages le travail à domicile.

Le but de cette œuvre est de fournir un travail relativement facile, ne nécessitant pas un long apprentissage et donnant des prix rémunérateurs.

Elle s'efforce de supprimer les intermédiaires inutiles et onéreux. De cette manière, le bénéfice du travail revient à qui travaille.

L'autre œuvre, parfaitement organisée et fondée en juillet 1908, s'appelle *Ligue nationale pour le relèvement des industries rurales et agricoles.*

La Ligue a pour but :

De provoquer, de coordonner et de seconder les initiatives locales et régionales et tous groupements en faveur du relèvement ou de la création d'industries rurales ou agricoles, destinées à retenir les familles au village et à combattre la désertion des campagnes ;

De servir de trait d'union entre les sociétés qui se proposent ce but ;

Enfin, de se faire l'organe de ce grand intérêt vis-à-vis de l'opinion, des administrations publiques et du Parlement.

Il s'agit, en somme, de constituer une manière d'*Office central,*

---

(1) Il est juste de mentionner parmi les causes qui ont diminué l'exode rural en Lozère, à côté de l'industrie dentellière, les cours ménagers ruraux que Mme la comtesse de Las Cases fait donner 65 jours par an dans les villages de l'arrondissement de Marvejols. Ces cours ménagers donnent aux jeunes filles le goût des choses de la terre et de la maison.

(2) 28, rue Saint-Marc, Paris. Mme de Marmier fait ainsi travailler dans divers départements plus d'un millier de femmes ou jeunes filles de la campagne qui vivent en partie de leur aiguille.

non seulement de renseignements, mais encore d'action, qui
groupera nos organisations provinciales en un solide faisceau
pour le plus grand bien de nos populations rurales, si vaillantes
et si laborieuses, en s'appuyant sur toutes les sociétés similaires
qui, par certains côtés, peuvent aider à la réalisation de ce
programme.

Cette Ligue s'attache à venir au secours de ces petits ateliers,
où se fabriquent, à l'aide d'outils très simples, des objets souvent
pleins de cachet pittoresque et artistique, et qui ont, pendant des
siècles, contribué à la vie et à la stabilité de la population locale,
comme à la physionomie et à la richesse de la contrée. Notamment, par des expositions qui ont obtenu un brillant succès tant
à Paris qu'en province, elle s'est efforcée de conjurer la disparition de ces industries et de défendre, avec le salaire des ouvriers
qu'elles alimentent, les produits, les traditions d'art, les vieilles
coutumes, qui font partie du patrimoine de la France.

Le siège social de la Ligue est 35, rue Vaneau, à Paris. Nous
avons pu nous rendre compte de l'excellence de cette tentative
en visitant l'exposition permanente où nous avons admiré les
vanneries de l'Isère, les tricots en poil de lapin angora, les broderies de la Bresse, les batistes et les dentelles de Bretagne, les
broderies dalmates confectionnées dans le Jura, les cuivres re-
poussés du Béarn et les produits alimentaires fournis par l'éle-
vage de la Pilatière (Persac, Vienne).

Ces œuvres ont pour but de mettre en relations directes le
producteur rural avec le consommateur des villes. Bien plus,
pour faciliter le travail des paysans, elles fournissent des modèles, suivent ou pressentent les caprices de la mode, afin de
varier les dessins ou d'inspirer des créations originales qui ren-
dent certains la réussite et l'écoulement des produits fournis.
On achète parfois le travail envoyé au siège de la *Ligue* sans
attendre la vente, afin de pouvoir fournir quelque avance aux
artisans ruraux (1).

-----

(1) Il existe, en outre, à Paris, plusieurs centres organisés pour la
vente des produits de l'industrie rurale. Ces centres sont de simples
bureaux de vente et d'exposition qui groupent un certain nombre
d'œuvres rurales et favorisent ces œuvres en vendant leurs produits
ou en recueillant les commandes. Citons le *Travail rural*, 4, rue
Lavoisier, Paris ; la *Francia*, 19, avenue d'Antin, etc.

#*#

Pour les métiers divers que le cultivateur peut mener de front avec le travail de la terre et qu'il faut chercher avec prudence et après une longue et minutieuse enquête, il est inutile de choisir des travaux qui fassent vivre la famille, car alors les inconvénients de l'industrie en chambre se reproduiraient dans l'industrie rurale. Mais il nous faut chercher et trouver certains métiers faciles, ne demandant pas un long apprentissage hors de la famille et pouvant produire pour la famille un salaire d'appoint.

On nous dit : Prenez garde, vous risquez de rétablir à domicile, en les aggravant, tous les dangers de la grande industrie et de favoriser le *Sweating-System*.

Tout d'abord, nous devons faire observer que nous ne voulons pas reconstituer « la manufacture à domicile », comme l'a appelée M. Gide ; « la fabrique collective », selon l'expression de l'école de Le Play. Notre but n'est pas de transporter l'industrie chez les ouvriers au lieu de laisser les ouvriers se rendre dans les usines, mais de découvrir et restaurer de « petits métiers » qui, exercés par certains membres de la famille rurale et non par tous à la fois, puissent procurer à ceux qui s'y livrent, non la subsistance totale et indispensable à leur vie, mais des salaires d'appoint, non de quoi les faire vivre, mais de quoi les aider à subsister ou les empêcher de mourir de faim.

Aussi, repousserions-nous « l'industrialisation » de la campagne, allant jusqu'à la création des cités ouvrières, qui ne feraient qu'accroître les maux que nous voulons précisément éviter.

Les inconvénients du *Sweating-System* se rencontrent surtout, comme on l'a souvent montré, dans les villes et, en particulier, à Paris, où toute la famille travaille en chambre au compte d'un entrepreneur.

Notre but est de fournir des travaux supplémentaires, à domicile, à quelques membres de nos familles paysannes pendant la mauvaise saison et les longs mois d'hiver.

Aussi nous ne songerions pas à introduire dans nos villages une industrie comme la lingerie, qui n'arrive pas à faire vivre les familles qui s'y livrent et, outre un long apprentissage, ne procure que des salaires de famine, mais des industries comme la dentelle, que la mode féminine tend à relever, la fabrication des tapis, des brosses, des chaussures, des cartonnages, des tricots, de la bonneterie, du beurre, des fromages, des confitures, et enfin des produits d'un usage courant et dont la fabrication ne demande pas de connaissances spéciales (1).

Les travaux faits à la campagne ne peuvent être vraiment utiles pour ceux qui les font, que s'ils se recommandent par leurs qualités, leur fini, leur originalité. L'essentiel n'est donc pas de faire beaucoup, mais de faire bien. Il faut lutter contre la concurrence de la machine, et la lutte ne peut se livrer que sur la qualité du travail, et non sur la quantité des produits. Il faut à tout prix trouver, pour venir en aide aux gens qui habitent les champs et qui auraient la tentation d'émigrer dans les villes, des occupations ou des travaux capables de leur fournir un salaire d'appoint, suffisant pour accroître leurs revenus sans les détourner du travail de la terre.

I. — Les petits métiers.

La dentelle.

Une des industries les plus populaires et les plus florissantes fut jadis celle des dentelles à la main et il n'y avait pas une famille qui n'eût son métier à dentelles. L'apprentissage facile et rapide se faisait de bonne heure et la fillette l'apprenait en allant en classe.

Sur ce point, M. Engerand apporte d'intéressants détails (2).

---

(1) Nous devons tout d'abord mettre les gens de la campagne désireux d'accroître leurs revenus en garde contre les offres plus ou moins alléchantes des journaux. Certains chevaliers d'industrie font insérer des annonces promettant, en échange d'une lettre munie d'un timbre pour la réponse, un travail facile à faire chez soi et qui peut rapporter une centaine de francs par mois. Si vous écrivez, on vous offre d'abord une machine à acheter et on vous garantit, en retour de cet achat, un travail assuré et rémunérateur. Si vous vous laissez prendre au piège, vous enverrez le premier travail et on vous le refusera, parce que votre inexpérience le rend invendable. L'industriel peu scrupuleux aura vendu une machine souvent le double ou le triple de sa valeur et le tour sera joué.

(2) Voir le tract 17 de M. Engerand, sur *la dentelle à la main*

A cinq ou six ans, écrit-il, les mères apprenaient la dentelle aux enfants ; chaque famille était, en réalité, une école de dentelle très sérieuse et, si toutes les fillettes n'arrivaient pas à une grande habileté, au moins en résultait-il une éducation solide et une excellente moyenne de travail.

Dans la plupart des villages, près de l'école primaire, se trouvait une classe de dentelle subventionnée par la municipalité, le châtelain ou le curé, ou encore par l'effet de quelques donations particulières. La direction en était confiée à une maîtresse d'ouvrage, ordinairement prise parmi les meilleures dentellières du village ; elle recevait un petit traitement d'une centaine de francs et les enfants payaient un droit d'écolage de 5 à 10 fr. Les enfants percevaient le produit intégral de leur travail, car la dentelle ainsi faite était vendue par l'entremise de la maîtresse d'ouvrage. Si difficile, en effet, que fût l'écoulement de cette petite dentelle, les fabricants ne la prenaient pas moins pour s'assurer de bonnes ouvrières, et les bénéfices qu'ils réalisaient sur les grands articles leur permettaient de faire ainsi les frais du premier apprentissage,

Cette industrie féminine rapportait de 2 à 5 fr. par jour, selon l'habileté de l'ouvrière. En veillant aux soins du ménage, elle arrivait à gagner 1 fr. par jour. M. Engerand nous assure que son département du Calvados gagnait ainsi 10 millions par an. La paysanne pouvait quitter et reprendre son métier comme les grand'mères le faisaient pour leurs quenouilles, profitant des veillées d'hiver pour activer la production, qu'elle devait totalement délaisser au temps de la moisson. C'était l'idéal d'un travail sain, attrayant, délicat, facile, récréatif et s'exerçant à volonté à la maison ou dans les champs.

Les dentellières d'un même village se réunissaient en commun.

Les chambres de dentelles pourraient être comparées à un ouvroir où les dentellières de la localité travaillaient sous la direction d'une maîtresse d'ouvrage, ordinairement une religieuse. Chacun mettait en commun son expérience et son savoir-faire. On était à la besogne depuis 6 ou 7 heures du matin, et l'on y restait parfois jusqu'à 10 h. du soir ; la maîtresse vendait la dentelle ainsi faite et chaque ouvrière percevait le produit de son travail particulier.

En quelques villages, moins fortunés, qui ne possédaient pas de chambres de dentellières, le travail en commun se faisait, pendant la saison froide, dans ce que l'on appelait les *paillots* (1), leur métier sur les genoux, autour d'une bougie entourée de globes d'eau qui en multipliaient l'éclat et donnaient une lumière douce et tamisée : la chaleur et le souffle des bestiaux tenaient lieu de foyer. Et, grâce à cette combinaison rudimentaire, ces pauvres femmes réduisaient d'autant sur leur maigre budget le chapitre du chauffage. Une légende, une histoire quelconque, contée par la meilleure commère, faisait souvent les frais de la veillée, et le jeu régulier des fuseaux était rythmé par quelque chant populaire ou religieux. Cette communauté de travail créait des liens de réelle fraternité (2).

Pour relever une pareille industrie, source de richesse pour les contrées où elle s'exerce, M. Engerand, vaillamment secondé par M. Vigouroux, a fait voter par le Parlement, le 5 juin 1903, une loi qui, pour la première fois, introduit officiellement l'enseignement professionnel à l'école primaire.

Dans certaines régions de France, l'enseignement de la dentelle est compris dans les programmes des écoles publiques, entre autres dans les écoles primaires de filles du Calvados, de la Corrèze, du Nord, du Puy-de-Dôme, de la Haute-Loire, et à Paris dans les trois écoles municipales de Charonne.

Il y a des classes de dentelles dans les écoles normales d'institutrices de Caen, Alençon, Le Puy, Tulle, Arras, Chambéry.

On a organisé des cercles dentelliers à Alençon, au Puy et à Paris.

Le budget du ministère du Commerce et de l'Industrie consacre un de ses chapitres à subventionner des écoles et à rémunérer des maîtresses dentellières.

L'industrie de la dentelle en France donne lieu à un chiffre de transactions de 70 millions.

---

(1) Le *paillot* n'était autre chose qu'une étable où les femmes s'asseyaient sur la paille.

(2) En Russie, on produit pour 1 million de mètres de dentelles par an, ce qui donne une somme de 5 à 8 millions de francs. La dentelle occupe uniquement la partie féminine de la population. Ce travail se fait à domicile dans plus de 10.000 familles de paysans et de plusieurs millions de citadines. La dentelle russe est en fil de lin blanc et écru; en fil de coton blanc, bleu ou rouge et en soie blanche, noire ou rose. On fait non seulement de la dentelle au mètre, mais des fichus, des mantilles et des robes entières en dentelle.

***

Les instruments pour faire la dentelle sont fort simples et peu
coûteux, soit qu'on fasse la dentelle aux fuseaux (1), à l'aiguille
ou au crochet (2). Pour la première, on se sert d'un coussin ou
métier à dentelle, de fuseaux et d'épingles.

Grâce à ce modeste outillage, et la mode s'en étant mêlée, nos
paysannes ont pu confectionner de merveilleuses dentelles qui
ont trouvé un écoulement rapide et rémunérateur. A Paris, le
centre de la mode et du bon goût, les femmes du monde se
sont plu à orner de dentelles leurs vêtements et leur intérieur :
rideaux, stores, coussins. Aussi est-il à souhaiter que cette mode
ne soit pas un engouement passager. En faisant du bien autour
d'elles, nos femmes seront sûres qu'au lieu de porter des toilettes
qui ont coûté la vie à de pauvres ouvrières, elles auront contribué à leur fournir des gains raisonnables et à les maintenir
loin des villes meurtrières au foyer familial.

Le tricot.

Qui n'a rencontré, au cours de ses voyages, et dans les coins
les plus sauvages, les plus agrestes, les plus perdus du monde,
une vieille femme presque aveugle, dont les doigts raidis manient
encore les aiguilles d'un tricot ; ou de jeunes pastoures se fabri-
quant une paire de bas en surveillant leurs oies, leurs vaches ou
leurs moutons ; ou même, comme dans les Landes, un berger
monté sur ses échasses, tricotant le cache-nez ou le gilet qui doit
le garantir de l'aigre bise d'hiver ? Des gens dignes de foi m'ont
même assuré qu'en Tunisie il n'est pas rare de voir des faction-
naires, le fusil appuyé le long du corps, et les mains activement
occupées à la confection d'un ouvrage au tricot.

L'usage des vêtements au tricot est certainement très ancien,

(1) Mme la comtesse E. de Las Cases a introduit la confection de la
dentelle aux fuseaux avec succès en Lozère, dans les arrondissements
de Florac et de Marvejols, où depuis cinq ans près de 500 femmes
exécutent des travaux de filets, dentelles et broderies qu'aucune
d'elles n'avait jamais vus ni exécutés jusque-là. Mme de Las Cases
a envoyé successivement des professeurs de force graduée jusqu'à
ce que les femmes et jeunes filles soient arrivées à un travail parfait.
Ces dentellières ont obtenu une médaille d'or à l'exposition de
l'apprentissage à Paris, en 1911, et le 2me grand prix à Roubaix.
(2) Voir le chapitre sur le *crochet*, p. 20.

et leur grande utilité, les qualités de solidité, de durée, de confortable, font de leur confection un travail presque universel, même dans les pays chauds. On est arrivé, dans la production, à un haut degré de perfectionnement. Sans parler des bas, des gilets, des jupons, des chaussettes que nous admirons quelquefois chez les paysans, nous pouvons voir de véritables merveilles du genre à la vitrine de tous les magasins de nouveautés. Brassières d'enfants, petits chaussons délicats et menus, moufles pour les jeunes et les vieux, combinaisons de laine, de coton, de soie, châles, pèlerines, couvre-pieds, couvertures de lits ou de berceaux, capelines, etc., etc., toutes choses qui nous charment et excitent notre envie.

Il semble qu'il y ait là, pour les femmes de la campagne, un débouché facile et d'un sûr rapport. L'apprentissage n'est rien, puisque, dès l'école, les petites filles savent manier les aiguilles et combiner les mouvements et les points de façon à former des dessins et à donner le pli voulu au vêtement qu'elles exécutent au tricot. L'outillage est peu coûteux : cinq aiguilles au plus, quelques jeux de différentes grosseurs dont le prix atteint quelques sous.

L'écoulement des objets confectionnés est pour ainsi dire assuré, au moins pour les objets de première nécessité, tels que bas, chaussettes, gilets, jupons, etc. Enfin, le temps ne manque pas aux ouvrières, car, sans négliger leur travail quotidien, soins de l'intérieur, des bestiaux, des volailles, etc., elles peuvent toujours trouver quelques heures pour un ouvrage relativement facile, familier à leurs doigts depuis l'enfance, et qui exige par cela même peu d'attention. Ce sera à la fois un repos pour leur corps fatigué par les rudes travaux des champs, et, pour leur esprit, un calme et une régularisation nécessaires. L'hiver, la production pourra être plus considérable, car, en cette saison, le paysan reste forcément inactif, attendant que les moissons germent, que les prés reverdissent, et ne sortant pas les bêtes de l'écurie. La ménagère n'a plus alors que le souci de la maison, du linge et de la cuisine ; elle n'accompagne pas les hommes aux champs et se fatigue moins qu'à biner, sarcler, lier les gerbes ou faner.

Pour ce que nous appelons le tricot d'art, c'est-à-dire ces jolis objets dont je parlais tout à l'heure, il suffirait de bien peu d'attention à la tricoteuse de campagne pour s'en rendre capable. Quelques jours de travail, l'étude du livre si parfait et si complet

Petits métiers.

de *Thérèse de Dillemont* (1), lui en révéleront tous les secrets et lui ouvriront un horizon d'idées.

L'important est de trouver le placement rapide et lucratif de son travail. Il est utile pour cela de grouper les ouvrières et de les aboucher avec quelques grandes maisons de bonneterie, de layettes, de confections de la ville la plus proche, qui leur donnent, pour des époques plus ou moins lointaines, la commande de telle ou telle quantité d'objets (2).

Ce serait là une grande ressource pour les femmes, surtout pour celles qui sont âgées et ne peuvent plus guère prendre part aux travaux des champs, ni même aux soins du ménage ; pour les jeunes aussi, dont le trop-plein d'activité aurait un exutoire tout trouvé ; pour les enfants même, auxquelles l'habitude d'un travail joli donnerait le goût du soin, de la propreté, de l'élégance.

Enfin, car il faut penser à tout, pour le chef, le maître, le père de famille sur qui pèse le souci du lendemain et l'angoisse de nourrir tant de bouches aimées, ce serait le repos moral, si nécessaire au bien-être physique : en outre du petit appoint fait par le salaire du tricot, il aurait la joie de ne plus trouver au logis le babillage inutile, les disputes, les lamentations des femmes inoccupées, et de se reposer au foyer familial, entouré de figures attentives, de mains adroites maniant de jolis objets qui éclairent la sombre pauvreté des murs. Il penserait peut-être alors qu'il vaut mieux regarder cela que d'aller au cabaret...

« Œuvre sociale de la bonneterie. »

L'Œuvre sociale de la bonneterie tend à résoudre, pour une part, le difficile problème du relèvement des salaires féminins.

Détail curieux. C'est un cercle d'études de jeunes gens qui a donné à cette œuvre féminine l'occasion de se fonder.

Le groupe Ozanam de Rouen, affilié à l'A. C. J. F., étudiait, en 1908, l'Encyclique de Léon XIII sur la condition des ouvriers. Désireux de contrôler la misère imméritée d'un trop grand nombre, il avait entrepris une enquête ; mais il s'aperçut

(1) *Encyclopédie des ouvrages de dames*, 1 vol. in-16, cart. toile, 1 fr. 50. Édition in-8° en texte français, allemand, anglais et italien, 3 fr. 75. Libr. Delagrave, Paris, et dans les Grands Magasins parisiens.

(2) Ainsi, Mme la vicomtesse Ph. de Las Cases a, en Lozère, réussi à faire monter les salaires de femmes faisant du tricot, de 20 et 30 centimes pour 10 heures de travail, à 1 fr. 50 et 1 fr. 75, en s'ingéniant à créer des modèles variant avec la mode de chaque saison.

vite que pour mener l'œuvre à bien, le concours de dames charitables lui était nécessaire. Celles-ci voulurent de suite s'intéresser aux ouvrières les plus infortunées, c'est-à-dire aux couturières, lingères et aux confectionneuses. Environ 600 furent interrogées. On sut que, travaillant 10 heures au moins, elles gagnaient de 0 fr. 50 à 1 fr. 50. La majorité recevait 1 fr. 20. Quelques privilégiées arrivaient à 2 fr., salaire d'ailleurs peu assuré, puisqu'il retombait parfois jusqu'à 0 fr. 90. Sur ce salaire souvent dérisoire, elles devaient prélever l'achat du fil, des aiguilles et l'entretien de la machine.

La misère était constatée : restait à découvrir le remède.

Il fallait avant tout chercher un travail dont l'écoulement serait à la fois sûr et durable. Tout travail de mode était par le fait écarté : elle est si variable !

On fut ainsi amené à étudier la bonneterie, et, dans la bonneterie, la partie la plus simple : bas et chaussettes. Comment exécuter ce travail de façon rémunératrice ? C'était rechercher une machine à la fois de bon rendement et de solidité éprouvée.

Après avoir essayé plusieurs machines qui laissaient beaucoup à désirer, l'Œuvre en a adopté une qui donne entière satisfaction ; elle est très solidement construite et permet de faire un travail irréprochable.

Les machines les plus employées pour la fabrication des bas et chaussettes sont :

a) La machine circulaire munie d'un cylindre, 84 aiguilles, travaillant pour l'adulte ; son prix est de 240 fr. 50, moins 10 % d'escompte que fait le fabricant = 216 fr. 50.

b) La machine circulaire munie de deux cylindres, 84,72, permettant de travailler également pour les enfants. Son prix est de 327 fr., moins 10 % = 294 fr. 30.

Pour la fabrication des autres articles : chandails, jupons, caleçons, etc., c'est le métier rectiligne qu'il faut employer ; son prix varie suivant la jauge et le nombre d'aiguilles.

L'Œuvre peut procurer les matières, laines et cotons convenant aux machines, à des prix aussi réduits que possible. On a dû renoncer aux qualités très ordinaires, la bonneterie fabriquée avec ces matières n'offrant aucune solidité.

On peut apprendre le maniement de la machine soit en apprenant avec le livre d'instruction, soit en faisant un apprentissage à Paris, au siège de l'Œuvre, aux conditions de 30 fr. pour un mois.

Le placement le plus avantageux est la vente aux particuliers. Une bonne ouvrière peut arriver à se faire des journées de 4 fr. et plus si elle a des commandes régulières.

Certaines entreprises promettent, dans leurs circulaires, d'écouler tous les objets fabriqués, sans réserve aucune. L'expérience a prouvé que cette promesse était fatalement illusoire.

Le but de l'Œuvre est d'assurer la vie matérielle en même temps que la vie chrétienne à l'ouvrière. Elle s'adresse donc à toutes les personnes soucieuses de remédier aux misères populaires et leur demande de l'aider soit en fondant des ouvroirs, soit en aidant l'ouvrière, souvent trop pauvre, à se procurer la machine, soit enfin en lui faisant leurs commandes de bonneterie.

L'Œuvre fondée à Rouen a été transférée à Paris, 242, boulevard Raspail.

Le Crochet.

Le travail au crochet, avec du fil, de la soie, de la laine, du coton, etc., est peut-être aussi ancien comme invention que le tricot, mais il est d'un usage moins généralement répandu dans les campagnes, sans doute à cause de l'attention continue qu'il exige. Il est facile de tricoter en surveillant les bêtes, en suivant la confection d'une soupe ou d'un plat de pommes de terre ; le mouvement des doigts est machinal pour ainsi dire, et par l'exemple des aveugles, dont une des principales occupations consiste à tricoter, nous pouvons nous rendre compte qu'il n'est même pas nécessaire d'y voir pour cet ouvrage ; au lieu qu'il faut *regarder* un ouvrage au crochet, compter les points du dessin, en somme s'y appliquer presque exclusivement.

Il paraît donc, au premier abord, plus difficile à une paysanne de gagner sa vie, ou du moins d'apporter au ménage un peu de confortable, avec le crochet qu'avec le tricot. Cependant je crois que, même occupées à de rudes labeurs, même chargées d'une lourde famille et d'une vaste administration rurale, telle que ferme ou métairie, les femmes de la campagne pourraient y trouver une ressource très sérieuse.

Dès leur enfance, elles en connaissent le point ordinaire ; leurs mères, leurs gardiennes, leurs maîtresses d'école leur apprennent à faire de petits modèles simples, qui leur serviront à garnir leurs chemises, leurs jupons, à égayer le col et les manches de leur robe. La coquetterie féminine aidant, elles ne sont pas longues à chercher de nouvelles combinaisons, et mettent un zèle particulier à ce petit ouvrage délicat, qui les amuse et les excite par l'idée qu'elles paraîtront plus belles aux jours de fête.

Le crochet de fil est très facile, d'une exécution très rapide, et, en somme, avec un peu d'habitude, on arrive à le faire en s'occupant d'autre chose. Je connais des femmes qui lisent en confectionnant des volants de jupons ou des garnitures de fauteuil. Or, étant donné que dans la plupart des villes de province, plus encore qu'à Paris, on écoule une grande quantité de lingerie de dentelles de fil au crochet, voilà une ressource toute trouvée, pour les petites filles des champs, les pastoures, les enfants qui, les jeudis et jours de fête, lorsqu'il n'y a pas d'école, traînent le long des haies à ne rien faire ; en s'occupant de ces ouvrages, tout en gardant les troupeaux ou causant avec leurs compagnes, elles s'assurent un gain, modique à la vérité, mais qui vaut toujours mieux que rien ; en outre, étant ainsi soumises à un labeur qui n'a rien de fatigant, elles prennent l'habitude de ne pas rester oisives et le désir de gagner plus en faisant mieux, en abordant les jolis ouvrages de luxe que l'on exécute au crochet et qui trouvent tant d'amateurs dans les villes.

Il faut bien se souvenir toutefois qu'en notre temps ce qui est beau a seul chance de se vendre et qu'il est difficile de créer de nouveaux genres qui plaisent. C'est pourquoi il importe, avant de lancer des jeunes filles dans ce travail, de leur procurer des modèles qui plairont et dont la vente sera rémunératrice.

Puissent-elles acquérir une telle perfection dans l'exécution et un sens si affiné du beau qu'elles réussissent à offrir aux maisons de dentelles ces jolis points de Cluny, de guipures d'Irlande, de Réticella, etc., qui ont toujours tant de succès ; aux passementiers, les franges, les motifs lourds, les entredeux ; aux tapissiers les dessins en raphia, en paille, en coton, les meubles ornés dont on garnit les maisons de campagne ; enfin et surtout, aux magasins de confections et de layettes, les vêtements d'enfants, les couvertures de berceaux, les pèlerines neigeuses, les couvre-lits, etc.

Sans doute, ce genre d'ouvrages jolis ou compliqués exige, comme je l'ai déjà dit, plus d'attention que le tricot, et il faut, pour le réussir au gré des acheteurs, y consacrer pleinement son intelligence pendant le temps qu'on lui destine. Mais le temps ne manque pas aux femmes de la campagne ; la nuit venue, les bestiaux rentrés des prairies, les volailles couchées, — et chacun sait que les poules se couchent de bonne heure — à part quelque surveillance de cuisine et quelques hardes à ravauder, les ménagères disposent toujours de plusieurs heures à elles. Elles vont de l'une chez l'autre, faire la veillée, bavarder avec les hommes, et se conter leurs misères ou les méfaits de leurs marmots ; elles peuvent emporter à ces veillées l'ouvrage qu'elles ont entrepris ; à la fin de l'année, tant chez elles que chez leurs voisines, elles auront accumulé bon nombre d'objets qui se transformeront en belles piécettes blanches ou jaunes, douce réserve pour payer le médecin, pouvoir mettre à la marmite le dimanche un bon quartier de viande, ou parer mieux les enfants contre le froid ou la pluie.

Le filet.

L'origine de ce travail remonte à la plus haute antiquité, sans qu'on puisse déterminer d'une manière précise le pays où il a pris naissance.

Nous le trouvons, en effet, chez tous les peuples primitifs ou sauvages sous la forme d'engins de chasse ou de pêche. C'est alors un filet à mailles simples, identique à ceux dont nous nous servons actuellement pour les mêmes usages et fait en cordes grossières.

Depuis, ce travail, grâce à la finesse des fils employés et des broderies variées dont on l'a couvert, est devenu une véritable œuvre d'art.

La Perse nous a appris le filet de soie brodé d'or et d'argent ; l'Italie, de son côté, nous a révélé le filet découpé ; et la France fait surtout le filet Richelieu.

Ce genre d'ouvrage a subi, en France du moins, une légère éclipse, pour revenir à la mode en ces dernières années.

Rien n'est plus facile à une femme que d'emporter son filet aux champs ou à la ville pour y travailler à ses moments perdus.

Comme la dentelle au crochet et le tricot, le filet n'exige qu'un outillage des plus simples consistant en moules ronds et en navettes, en acier, en os ou en bois, de grosseurs différentes, suivant la finesse du travail.

On fait le filet avec du fil de coton ou de lin, ou de la soie de différentes couleurs.

On choisira ces fils d'une grande égalité de torsion.

Les mailles sont plus ou moins grandes, suivant la dimension du moule employé qui en détermine la grandeur.

Le fil doit être proportionné au moule : un fil gros demande un gros moule, un fil fin demande un petit moule.

On distingue plusieurs sortes de filets.

Le filet simple, qui sert de fond à la broderie et dont les mailles ont toutes la même dimension.

Le filet à mailles différentes ou variées, sur lequel on brode aussi et dont le travail est beaucoup plus compliqué : il se fait avec des moules de diverses grosseurs et avec un enlacement varié dans les mailles.

Le filet brodé ou filet artistique prend aussi le nom de filet guipure, filet Richelieu, guipure Cluny, etc.

Les points de broderies sont nombreux et variés : points de toile, de reprise, points d'esprit, points de feston, etc.

On trouvera les détails sur les différents points ainsi que la manière de faire les diverses mailles du filet dans l'*Encyclopédie de Thérèse de Dillmont*, déjà citée.

Pour broder le filet, on se sert d'un cadre métallique. Il y a aussi un moyen plus simple et plus économique, qui consiste à tendre son filet en le cousant sur un gros papier d'emballage de couleur sombre pour faire ressortir le dessin. On pliera ce papier en plusieurs doubles, de façon qu'il soit assez résistant pour maintenir le filet bien tendu, et pas trop cependant pour pouvoir le manier aisément. S'il s'agit d'un ouvrage de grande dimension, on doit avoir recours à un métier.

On fait en filet des carrés, bandes, entre-deux, dentelles, servant à orner le linge. On incruste ce filet dans les nappes, napperons, serviettes, draps, etc. On en garnit des robes, et dans l'ameublement il sert à faire des voiles de fauteuils, des stores, des rideaux...

Ces travaux, fort à la mode en ce moment, offrent aux femmes, qui peuvent s'y adonner sans quitter leurs travaux ordinaires, un appréciable salaire d'appoint.

Nous mentionnerons ici l'Œuvre des brodeuses de Villerville (Calvados). Cette œuvre a commencé par grouper 5 ou 6 jeunes filles à qui une dame, alors en villégiature, a appris l'art de la broderie sur filet. Elle leur a fourni un matériel évalué à 600 fr.

environ, comprenant des albums de modèles et des clichés. Au bout d'un an, cette œuvre a groupé une trentaine d'ouvrières et a fourni 4.000 fr. de salaires (1).

Les mailles de filet simple de grosseur ordinaire s'achètent 22 cent. les mille mailles, et on peut en trouver l'écoulement à la *Ligue pour le relèvement des industries rurales,* qui sert d'intermédiaire entre le producteur et le consommateur.

Les tapis.

Parmi les travaux faits à la campagne, nous signalerons comme méritant d'être imitée ailleurs l'initiative prise par M. et M** Fenailles, qui ont créé à Montrosier (Aveyron) une fabrication familiale de tapis d'Orient.

Dans ce but, ils ont installé une école d'apprentissage, ouverte en mai 1909 et pouvant recevoir 30 jeunes filles à partir de l'âge de 12 ans. On n'accepte que les jeunes filles de la campagne : elles sont logées, nourries et instruites gratuitement pendant les trois mois d'apprentissage. Ces trois mois sont d'ailleurs exigés.

Après ce temps, on fournit, pour une modique somme de location à chaque ouvrière, un métier, un modèle de tapis, la laine nécessaire et tout le matériel dont elle a besoin pour travailler à domicile. Elle ne paie la location et le prix de la laine fournie qu'après avoir vendu son ouvrage, que M. Fenailles s'est chargé jusqu'à présent d'écouler.

Les jeunes filles ont travaillé les premiers temps sous la direction de deux Algériennes, au courant de tous les secrets de la fabrication des tapis d'Orient. Elles ont formé une directrice qui la remplace actuellement, et à laquelle sont adjointes une dessinatrice et une sous-directrice.

On a étendu le bénéfice de cet apprentissage aux jeunes filles des communes voisines. M. Fenailles a acheté une maison pour les recevoir, et il y a déjà plus de 400 inscrites, attendant leur tour d'apprentissage.

De cette manière, cette industrie locale, devenue régionale, apportera le bien-être dans l'Aveyron, comme l'industrie dentellière l'a apporté dans la Lozère. Déjà 260 ouvrières, sorties de l'atelier de Montrosier, sont rentrées dans leurs familles où elles

---

(1) *Bulletin de la Ligue nationale pour le relèvement des industries rurales,* 25 janv. 1911, p. 22.

gagnent, en toute saison, tout en vaquant aux soins ménagers, suivant leur habileté, jusqu'à 3 fr. et 3 fr. 25 par jour.

Nul doute que les grandes maisons de vente de tapis, appelés tapis d'Orient, ne trouvent avantage à se fournir dans l'Aveyron, parce que le travail des femmes aveyronnaises n'est en rien inférieur à celui des femmes perses et d'Asie Mineure. « Elles possèdent, avec la dextérité et la rapidité du travail, lisons-nous dans une monographie sur cette œuvre si intéressante et si originale, une notion naturelle et très sûre des couleurs. Leurs tapis de haute laine, sans être exécutés avec la précision qui les ferait ressembler à des tapis mécaniques, sont plus solides et mieux tissés que les tapis d'Orient modernes. »

Un autre avantage, c'est que les ouvrières aveyronnaises peuvent exécuter en trois mois les commandes qui demandent un an en Orient.

Enfin, ces tapis, bien que la main-d'œuvre en France soit plus coûteuse qu'en Asie Mineure, reviennent moins cher, à cause de l'économie des droits de douane, des frais de transport et des prélèvements des intermédiaires.

Nous ne devons pas oublier que cette fabrication des tapis facilitera la vente des laines de moutons du pays et, en fournissant un métier aux jeunes filles, procurera aux parents les moyens de vendre avantageusement et sur place les laines de leurs troupeaux.

Cette « fabrication familiale de tapis à points noués à la main », titre que porte cette œuvre, a pris une telle extension et semble appelée à un tel développement que M. Fenailles a installé une teinturerie nécessitée par le besoin de réassortir très rapidement les couleurs venant à manquer pendant la confection des tapis. Les laines y sont traitées et teintes suivant les procédés en usage dans les manufactures nationales des Gobelins et de la Savonnerie. Il a, en outre, établi une usine aux environs de Rodez pour la préparation des laines qui sont nécessaires à ses ouvrières.

On peut se rendre compte de la beauté et du fini du travail soit à l'Exposition permanente des industries rurales et agricoles, 35, rue Vaneau, à Paris, soit au *Travail Rural*, 4, rue Lavoisier, Paris.

Il faut admirer les hommes généreux ou les femmes de cœur qui ont pris, chacun dans leur région, l'initiative d'une industrie capable de procurer aux jeunes filles et aux femmes de la campagne un travail rémunérateur, en utilisant les heures de loisirs et les veillées d'hiver, sans quitter leurs maisons et sans délaisser les soins du ménage. Mais il faut reconnaître que la Providence n'a pas donné à tous les ressources financières que suppose l'établissement d'une industrie comme celle des tapis de l'Aveyron. Il y a, toutefois, des industries moins coûteuses; et surtout, il existe dans chaque région des ressources naturelles que l'ingéniosité et le dévouement d'une personne expérimentée suffiraient à rendre productives.

Le jouet lozérien.

Si l'on a réussi à trouver des industries rurales procurant à nos villageoises des ressources supplémentaires, on a eu quelque peine à découvrir des métiers ruraux auxquels pouvaient se livrer nos paysans en dehors des travaux des champs.

Aussi, sommes-nous heureux de pouvoir signaler la tentative de M. Philippe de Las Cases qui a introduit dans la Lozère la fabrication du jouet en bois. On sait que la plupart de ces jouets proviennent de l'Allemagne, de la Russie et du Tyrol qui fournissent nos grands magasins.

L'œuvre fondée en 1909, sous le nom de « Jouet lozérien », a procuré dans 17 villages du travail à plus de cent hommes et jeunes gens qui, sans lui, auraient probablement émigré. Ils ont gagné pendant l'hiver, tout en soignant leurs bestiaux, des salaires variant de 2 fr. 75 à 3 fr., et même 4 fr., pour des journées de 10 heures.

Paris leur a fourni des modèles exécutés avec des outils perfectionnés, et ils sont arrivés à fabriquer, avec des outils primitifs, des animaux articulés, des objets en bois verni et colorié, des petits mobiliers, etc.

Ce travail est groupé en quatre centres sous la direction de contremaîtres chargés de donner aux ouvriers des indications techniques et de leur apprendre la peinture. Afin de concurrencer les articles russes et allemands, les prix sont inférieurs à ceux des articles similaires étrangers.

Quoique ce genre de travail soit assez primitif et quelque peu rudimentaire, il y a là plus qu'une indication, et il est certain que ce qui s'est fait dans la Lozère peut se reproduire ailleurs. Travailler le bois, pour peu qu'on ait quelque goût ou qu'on reçoive quelque direction, semble être à la portée du plus humble villageois. Il ne manquera le plus souvent que de rencontrer ailleurs un homme de grand savoir-faire, donnant sans relâche son temps et son dévouement, pour trouver d'amples débouchés au travail paisible de ses paysans. A défaut de cette initiative personnelle, la plus sûre de toutes, on pourra s'adresser, pour l'écoulement de ces produits, comme pour tous ceux que nous avons indiqués jusqu'ici, au siège social de la *Ligue nationale pour le relèvement des industries rurales*, qui accepte en dépôt les produits fabriqués par nos paysans.

Brosses et balais.

La fabrication des brosses et des balais en fibres végétales (chiendent, coco, bassine, tampico) est susceptible de procurer d'appréciables bénéfices à quiconque s'en occuperait à la campagne, soit à des moments de loisir, soit pendant la saison où le temps ne permet aucun travail au dehors. Les brosses ainsi fabriquées servent au lavage du linge, à l'entretien du ménage, ou à la toilette des animaux.

L'apprentissage de brossier est des plus faciles. Mais si l'on arrive aisément à fabriquer des brosses on ne parvient pas de suite à faire vite — ce qui est un précieux élément de succès. L'habitude seule amènera à faire vite et bien, l'agilité et l'adresse personnelle étant des facteurs importants.

Le genre de brosses dont nous conseillons la fabrication à la campagne se compose de trois parties : la monture ou patte percée d'un nombre variable de trous ; les fibres végétales ; enfin la ficelle destinée à maintenir les fibres dans la monture.

On trouvera les divers types de montures en bois chez tous les fabricants de matières premières pour brosserie. Toutefois une personne adroite voisine d'une chute d'eau peut scier et percer elle-même des montures et y trouver déjà un premier bénéfice.

Pour monter une brosse on passe une ficelle pliée en forme de boucle dans un trou de la monture, en l'introduisant par la face supérieure. Cette boucle sort de l'autre côté. On y engage alors une pincée de fibre, dont la grosseur varie suivant la dimension des trous à boucher. On tire ensuite la ficelle, et la boucle, en se refermant, entraîne avec elle dans l'épaisseur de la monture les fibres qui, convenablement disposées, doivent se trouver exactement pliées en deux et former ainsi le pinceau que l'on nomme *loquet.* On procède à cette opération tout autant de fois qu'il y a de trous dans la monture.

Un brossier exercé, suivant ses aptitudes et son habileté, peut boucher aisément de 250 à 300 trous à l'heure.

Une fois le montage fait, on frotte vigoureusement la brosse à l'étrille, s'il s'agit de fibres raides (chiendent, bassine, etc.), ou bien on la peigne avec un peigne de métal, s'il s'agit de fibres souples (coco, tampico, etc.), et il ne reste plus alors qu'à égaliser les brins à l'aide de ciseaux semblables à ceux des tailleurs.

Les fibres végétales sont vendues en bottes (coco, bassine) ou en queue (chiendent, tampico). Le premier travail consiste donc à couper les fibres, à l'aide d'un couteau guillotine spécial, à des dimensions variant suivant le type de brosse désirée. Si l'on veut éviter l'achat du couteau-guillotine on peut se procurer dans certaines maisons spéciales des fibres coupées aux dimensions voulues. Ces fibres subissent évidemment de ce fait une augmentation de prix, mais. elle se trouve compensée par la diminution des déchets.

On peut se livrer à la fabrication des brosses avec un outillage sommaire comprenant une paire de ciseaux spéciaux, un peigne spécial en métal et une étrille. Il y a à Paris une centaine d'ouvriers ou ouvrières en chambre qui travaillent dans ces conditions et trouvent dans cette occupation une rémunération raisonnable. Les résultats doivent être bien meilleurs à la campagne où la vie est à bon marché, surtout s'il s'agit de personnes utilisant la veillée après le labeur quotidien ou les longues journées inoccupées de l'hiver maussade et rigoureux.

Un ouvrier travaillant pour le compte d'autrui, dans ce genre de brosses, gagne de 20 à 30 cent. à l'heure, mais son gain peut augmenter considérablement et atteindre même, suivant le type de brosses fabriquées, de 0 fr. 50 à 1 fr., s'il écoule lui-même ses produits.

A chacun de voir, suivant les circonstances, s'il croit devoir être à la fois fabricant et vendeur de ses produits ou si, pour éviter toute responsabilité, il préfère travailler aux pièces pour le compte d'un industriel urbain. à la recherche d'une main-d'œuvre moins rétribuée qu'à la ville.

Dans les deux cas, avec un peu d'initiative et une mise de fonds insignifiante, on peut ainsi, sans quitter son chez soi et son village, trouver une réelle source d'appréciables bénéfices.

Objets en vannerie.

La vannerie, dit M. Hasluc, dans son introduction au *Manuel de vannerie,* est une industrie simple, peu fatigante, ne nécessitant aucune installation spéciale ; la matière première se trouve à bon marché dans tous les pays. Elle entraîne si peu de frais qu'on peut dire de cette petite industrie qu'elle est mieux que d'autres à portée de tout le monde.

Le matériel nécessaire est peu compliqué. On peut obtenir aussi facilement les articles de fantaisie que les articles indispensables au ménage.

Cet agréable passe-temps peut devenir une source modeste mais certaine de revenus. Si les articles de vannerie ne se vendent généralement pas à des prix élevés, ils sont d'une vente facile, car ils se trouvent partout à la ville comme à la campagne. Ce sont des articles de première nécessité qu'on utilise dans toutes les chaumières comme dans tous les châteaux.

La vannerie procure, en Russie par exemple, une occupation à plus de 20.000 familles qui fabriquent des articles variés de tressages, tel que corbeilles, paniers, natte de tille (ragogéa), sabots en écorce tressée (lapti), etc. Les paniers sont, pour la plupart, faits grossièrement de branches d'arbres et de copeaux ; toutefois, dans ces derniers temps, les paysans du gouvernement de Moscou ont entrepris la fabrication de très jolis articles sur des modèles étrangers.

La vannerie rurale a un grand avenir en Russie. Dans cette branche, comme ailleurs, la concurrence des fabriques n'est pas à craindre et l'écoulement des produits est assuré. Pour la vannerie comme pour les autres petits métiers ruraux faits par le koustar, les Zemstvos et le gouvernement russe donnent leurs concours et leurs subventions.

Si l'on veut tirer parti de ce genre de travail, il ne faut pas chercher à fabriquer les objets grossiers qui se vendent trop bon marché, mais au contraire rechercher, comme l'ont fait les paysans russes des environs de Moscou, l'originalité et l'inédit. Au lieu de fabriquer de grosse vannerie il vaut mieux s'appliquer à confectionner des petits paniers en rotin qui, lui, se travaille plus facilement que l'osier et se prête à des formes très variées.

Nous avons vu des paniers et des fauteuils fabriqués en rotin et qui, passés au ripolin, étaient des merveilles d'art et de bon goût. Ce travail, qui convient aussi bien aux femmes qu'aux hommes, est aujourd'hui fort à la mode de l'autre côté de la Manche.

Rien n'empêche de mélanger au rotin des bandes de rafia ou de jonc ou encore des rubans qui permettent de faire de jolis paniers pouvant se vendre chez les confiseurs, ou servir de corbeilles à ouvrages, corbeilles à papiers, etc.

La vannerie se prête à des combinaisons à l'infini et à tous ceux qui voudraient arriver dans ce genre de travail à une habileté professionnelle, si utile et si nécessaire à la campagne, ne serait-ce que pour réparer paniers et corbeilles, nous signalons et recommandons le *Manuel de vannerie* de M. Hasluc (1). Cet ouvrage particulièrement bien fait et illustré de nombreuses figures leur enseignera mieux que nous ne pouvons le faire ici en quelques mots toutes les différentes variétés d'ouvrages en vannerie qu'ils peuvent entreprendre et avec lesquels ils peuvent se créer des ressources.

Cannes et manches d'ombrelles.

Tout le monde à la campagne a à sa portée des branches d'arbres dont on peut faire des cannes artistiques et des manches d'ombrelles qu'on arrive à vendre à la ville à des prix raisonnables.

Un couteau suffit à la rigueur pour accomplir ce travail original qui doit se faire dès la fin de l'automne. Quand les bâtons ne sont pas droits, on n'a pour les redresser qu'à suspendre à leur extrémité des poids assez lourds, après les avoir laissé séjourner dans l'eau quatre ou cinq jours pour enlever plus facilement l'écorce. Lorsque les cannes offrent des courbes assez prononcées, on les soumet à un bain de vapeur ; on se procure ensuite de fortes tringles en bois bien droites, on place la canne entre elles et on ligature fortement, on laisse ensuite sécher.

Quant aux têtes de cannes qui offrent le plus souvent la forme de houlettes ou de croix, on peut les courber facilement en plongeant l'extrémité dans l'eau jusqu'à ce que le bois soit malléable ; ensuite on courbe à son gré au moyen d'une ligature que l'on tend en tordant avec un morceau de bois. Si l'on veut donner à la canne la forme d'une houlette, on se sert de cales en

---

(1) Tagnol, édit., 53 *bis*, quai des Grands-Augustins, Paris. — 3 fr.

bois qui produisent aux endroits où on les place l'écartement voulu.

On a soin ensuite, la poignée étant formée, de faire disparaître avec un canif tous les nœuds, puis on polit la canne avec du papier de verre et l'on bouche les fentes ou les trous qui peuvent se présenter avec un mastic formé de glu et de litharge.

La décoration des cannes est plus difficile ; mais on peut toujours avec le canif faire de petits dessins vers la pomme.

La canne une fois terminée, il faudra lui donner une couleur quelconque ; de préférence on la teindra en noir, au moyen d'une solution bouillante de 250 grammes de campêche délayée dans un litre d'eau ; on passera à trois reprises la canne dans cette dissolution, puis on la badigeonnera avec un mélange de 30 gr. de couperose verte pour un litre d'eau. La canne aura ainsi une jolie teinte noire.

Les cannes ou manches de parapluies s'écouleront d'autant plus facilement qu'ils seront plus originaux et on en trouvera le placement dans les bazars ou magasins des villes.

II. — Les petites cultures.

Un observateur attentif ne peut qu'être frappé en parcourant les campagnes et en étudiant les travaux des champs susceptibles de procurer quelques ressources supplémentaires au paysan, de constater combien la routine le maintient dans l'ignorance et par là même dans la pauvreté.

S'il s'ingéniait à chercher, il trouverait aisément de nouveaux moyens d'augmenter ses maigres ressources. S'il utilisait tous les déchets de la ferme, s'il s'appliquait à tirer profit de tous les coins de terre restés improductifs et inutiles, s'il se décidait à ne pas laisser perdre les feuilles ou les fleurs de certains arbres, s'il savait tirer parti des centaines d'herbes de son champ ou de son enclos, il se créerait ainsi des ressources qui, dans l'année, grossiraient son bas de laine ou amélioreraient son genre de vie.

Mais soit négligence, indifférence ou routine, le paysan laisse perdre à côté de lui des produits naturels de la terre qui ne demanderaient qu'un peu de temps, de patience et de travail pour se convertir en monnaie sonnante.

Un grand herboriste parisien me racontait combien il avait de peine à convaincre nos paysans de devenir ses fournisseurs et de gagner ainsi sans peine et sans beaucoup d'efforts pas mal d'argent.

Il me citait par exemple les fleurs de tilleul qui se trouvent en abondance dans le sud-ouest de la France et dont la qualité est d'une supériorité reconnue et incontestée. On les laisse perdre sur l'arbre à tel point que les pharmaciens du Midi sont obligés de fournir à leur clientèle du tilleul d'Italie.

Or il en est ainsi pour quantité d'autres plantes qui poussent en quantité dans nos champs et qu'on n'aurait qu'à se baisser pour cueillir et pour vendre. Mais on n'y pense pas. On ne se soucie pas de faire autrement qu'on a vu faire autour de soi. Et on se prive ainsi volontairement d'un gagne-pain à la portée de tous, femmes, enfants et vieillards.

Que de petites cultures on pourrait entreprendre avec une insignifiante mise de fonds et qui rapporteraient pas mal à l'industrieux cultivateur !

Je me souviens avoir été le témoin, dans le Midi, des progrès d'une nombreuse famille d'agriculteurs dont la situation obérée s'améliora, grâce à la culture des primeurs et en particulier des petits pois. Ces braves gens n'avaient qu'un lopin de terre dont ils avaient de la peine à payer le fermage, quand la femme eut l'heureuse idée de le semer entièrement en petits pois. Cette culture réussit à merveille, et, en l'écoulant à la ville voisine, elle y trouva une appréciable source de revenus.

Excité par l'émulation, un voisin eut à son tour l'idée de planter tout son champ en fraisiers et d'aller tous les matins vendre au marché sa récolte de la veille. Il s'en trouva fort bien et réalisa une petite fortune.

Grâce à ces initiatives, la région est devenue renommée par ses primeurs au point que les paysans trouvent dans cette vente le plus clair de leurs revenus.

Nous ne pouvons songer à passer complètement en revue ici toutes les diverses petites cultures auxquelles peuvent s'adonner nos paysans. Il nous suffira d'en indiquer quelques-unes pour qu'il soit facile à nos lecteurs d'en trouver d'autres qui puissent compléter notre énumération forcément restreinte et par là même insuffisante.

Nous signalons comme source de bénéfice, là où le climat s'y prête, outre les primeurs, la culture des fleurs naturelles, —

roses, œillets, violettes, chrysanthèmes, mimosas, narcisses, etc.
— pour être vendus en ville ou expédiés au dehors. Ou bien des
fleurs pour la parfumerie ou la médecine, telles que la rose de
mai, la menthe, la lavande, le thym, etc. Sur les plantes
médicinales, nous croyons devoir donner quelques indications
supplémentaires.

Plantes médicinales.

On peut récolter ces plantes dans les champs où elles croissent
à l'état sauvage, ou les cultiver dans un espace consacré spéciale-
ment à ces plantes. Une paysanne, qui avait ensemencé de
camomille 5 ares de terre qu'elle avait loués au prix de 3 fr., en
retira 200 fr. en une année en employant quelques heures par
jour à la récolte des fleurs complètement épanouies, et en les
cueillant après que le soleil avait bu la rosée.

Une fois les plantes cueillies, on les met sécher à l'air libre,
dans un grenier bien aéré, de préférence exposé au midi et à l'abri
des rayons du soleil.

On étale les plantes en couches très minces sur des claies, en
les retournant souvent pour activer la dessication. Plus l'opération
est rapide, plus le séchage est réussi.

Nous donnons ici quelques prix auxquels peuvent se vendre
certaines plantes médicinales au kilog.

Fleurs de tilleul........	2ᶠ50	Armoise...............	0ᶠ55
Fleurs de pensées sau-vages..............	3 —	Menthe poivrée........	1 —
		Rose de Provins........	4 —
Feuilles de pensées sau-vages..............	0 90	Absinthe..............	0 55
		Camomille.............	2 —
Fleurs de pêchers.......	2 50	Fleurs de sureau.......	1 75
Fleurs d'orties blanches.	6 —	Chiendent.............	0 45
Fleurs de bourrache....	2 50	Mauve (fleurs de)......	2 —
Feuilles de bourrache...	0 55	Coquelicot............	2 —
Feuilles de ronces......	0 55	Feuilles de noyer......	0 40
Violettes supérieures....	4 —	Racines de réglisse.....	0 20
Violettes ordinaires.....	3 —	Racines de guimauve...	1 10
Lierre terrestre.........	0 60	Racines de fraisiers.....	0 40

Les deux principales maisons auxquelles on peut s'adresser

pour écouler ces produits sont : J. Villeneuve, 9, rue des Guillc-
mites, et Cruct, 4, rue Payenne, Paris.

Les prix indiqués sont approximatifs, étant sujets à la variation
du cours.

La fraise.

La culture de la fraise se répand de plus en plus dans nos
campagnes, et sa vente offre une source certaine de revenus. Elle
prospère dans toutes les régions. Certains paysans en cultivent
des champs entiers et vendent leur récolte à la ville voisine ou
l'expédient aux Halles de Paris.

Cette culture ne demande pas de grands efforts. En semant ou
en plantant des fraises des quatre saisons on a des fruits une
partie de l'année.

Tous les terrains conviennent aux fraises, sauf les terrains trop
secs ou argileux.

Le meilleur moment pour la plantation est de mi-septembre à
fin octobre. Si on choisissait une autre époque de l'année, on
n'aurait pas de fruits au printemps et on devrait attendre un an
la récolte.

Les pieds de fraises seront renouvelés tous les trois ans — et
on préparera le terrain de façon que les fraisiers soient largement
arrosés et que l'eau reste au pied. — Le sol sera couvert d'un
paillis qui maintiendra l'humidité et empêchera la terre de salir
les fraises. Il faut avoir soin de couper les *coulants* qui épuisent
la plante.

Nous ne saurions assez recommander la culture de la fraise
qui se fait en petit et en grand, selon qu'on a plus ou moins de
terrain, et dont le placement est toujours assuré. Quand on
renouvelle la plantation, on peut, au lieu de jeter au fumier les
vieux plants, laver soigneusement les racines pour enlever la
terre, les sécher et les vendre aux herboristes.

L'asperge.

Parmi les petites cultures, celle de l'asperge est une des plus
faciles et des plus productives, car on est toujours assuré de
trouver au près ou au loin l'écoulement de cet excellent légume,
de plus en plus estimé et recherché.

On peut établir à peu près partout une aspergerie, à condition qu'on soit certain qu'il n'y en ait pas eu antérieurement dans ce même terrain.

On choisit une terre légère ne retenant pas l'eau qui ferait pourrir les racines ; on ôte avec soin les pierres et les tessons qui pourraient gêner la croissance des tiges et on évite aussi le voisinage des arbres.

Au lieu de semer des graines, le mieux est d'acheter des griffes d'un an. On les plante dans un terrain préalablement labouré à une profondeur de 3o à 5o cent. et fumé avec du fumier de ferme superficiellement enfoui.

L'époque de la plantation est du 25 avril au 15 mai dans le Nord, et de mars jusqu'à la mi-avril en s'avançant vers le Midi.

On prépare une fosse de 40 cent. de profondeur, dans laquelle on met 10 cent. de fumier demi-consommé qu'on mêle à la terre. Dans le fond de la tranchée, on forme des petites buttes de terre de mètre en mètre sur lesquelles on place les griffes d'asperge en étalant bien les racines. On les recouvre de terre qu'on tasse afin de la faire adhérer. On comble alors la tranchée de façon à ce que le collet de la griffe ne soit couvert que de 6 à 8 centimètres. Chaque griffe sera marquée d'un piquet qui empêchera de blesser la plante en binant et qui la maintiendra lorsqu'elle aura atteint 40 cent., afin qu'elle ne soit pas secouée et renversée par les vents.

Une fois ce travail fait, on devra attendre jusqu'à la 3ᵉ année pour récolter les asperges.

Pendant les deux premières années, on les bine avec soin, et, vers fin octobre, on coupe les tiges à fleur de terre, on déchausse les griffes jusqu'à 6 cent. et on les couvre de fumier, excepté sur les couronnes. Au mois de mars de la seconde année, on ramène la terre sur une hauteur de 15 à 20 cent.

La troisième année, on commencera à couper les plus grosses asperges en ménageant beaucoup le plant encore jeune et on buttera à 3o cent. au moins.

A partir de la quatrième année, l'aspergerie est en plein rapport. Dès lors les soins consisteront simplement à sarcler, biner, et en deux façons, l'une au printemps, en mars, consistant à gratter légèrement la terre et à recharger la planche de terre légère si c'est nécessaire, et une au mois d'octobre qui consiste à déchausser les griffes, à les couvrir de fumier, à l'exception des couronnes, et à arracher les plants parasites.

Pour utiliser le terrain pendant les premières années où l'aspergerie ne produit pas, on pourra semer sur les ados des plants dont les racines s'enfoncent peu dans le sol, tels que carottes, choux, salades, etc.

Une plantation d'asperges dure de 10 à 20 ans.

La récolte des asperges se fait d'avril à la fin de juin. C'est une opération délicate, car il faut avoir bien soin de ne pas blesser la griffe. On se sert ordinairement d'un instrument spécial appelé « couteau à asperges ».

En pleine récolte, on doit visiter les planches tous les jours ou tous les deux jours, et dès que l'asperge paraît on la coupe, en enfonçant le couteau jusqu'à la base, tout en tenant l'asperge de la main gauche et en imprimant un mouvement de droite à gauche : on la retire en même temps que le couteau. Ce procédé est dangereux pour les griffes, quand on a affaire à quelqu'un d'inexpérimenté. Aussi vaut-il peut-être mieux déchausser le plant et couper au ras de la couronne soit d'un coup sec de l'index, soit avec une lame tranchante.

En ne coupant pas l'asperge à sa naissance, ce qui reste de la tige pourrit et finit par faire pourrir la plante.

Le journal « Jardins et basses-cours » nous indique, dans son n⁰ du 5 déc. 1911, la manière d'obtenir des asperges fraîches en hiver.

« Sur un lit de fascines répandu dans un coin de votre jardin, montez une couche de 40 à 50 cent. avec un mélange de fumier de cheval et de feuilles (les fascines servent simplement à protéger la couche de l'humidité du sol). Au centre de la couche ménagez un trou dans lequel vous enfoncez verticalement un petit faisceau de sarments de vigne. Cet orifice ménagé vous indiquera que la couche commence à fermenter, et par suite à produire la chaleur recherchée lorsque votre main, exposée au-dessus des sarments, sentira une élévation de température. Si, par suite d'un froid très vif, cette fermentation tardait à se manifester, provoquez-la en versant un peu d'eau chaude dans le trou central formant conduit. Dès que votre couche commence à dégager de la chaleur, couvrez-la de coffres munis de châssis vitrés. »

On se servira de plants âgés, car le forçage les épuise complètement. On nettoie les griffes en enlevant les parties mortes, et on les place sur la couche rapprochées les unes des autres et recouvertes de terreau ; au bout de 12 à 15 jours on peut faire la récolte. Ayez soin de couvrir les châssis de paillassons que vous augmentez à mesure que la gelée s'accroît. Dans la journée, si le thermomètre ne descend pas au-dessous de 5° et que les plants ne touchent pas le verre, on doit les découvrir, car, ajoute notre auteur, « il ne faut pas priver les plantes de lumière inutilement ». Grâce au genre de culture que nous venons de décrire, on voit qu'on peut récolter et vendre des asperges en été et en hiver. Cela suffit à montrer l'intérêt qui s'attache à cette culture.

On expédie les asperges en bottes de 1 k. ou en vrac, les branches devant avoir 25 à 3o cent. de longueur. Pour faire les bottes on se sert de « botteleurs à asperges », espèces de moules en bois qui font prendre à la botte la forme cylindrique et permettent de la lier avec deux osiers non décortiqués. Ces bottes sont mises dans des paniers d'osier garnis d'herbes fines non desséchées et envoyées aux Halles où la vente est toujours assurée.

L'Artichaut.

L'artichaut, comme l'asperge, se répand de plus en plus et on en mange en hiver comme en été. C'est une plante assez délicate qui ne supporte ni trop de froid ni trop d'humidité. Ses terres préférées sont argilo-calcaires ou argilo-siliceuses. Elles seront meubles et profondément labourées après avoir été fumées avec des fumiers consommés auxquels on pourra ajouter phosphates ou azotes.

L'artichaut se reproduit par rejetons ou *œilletons* qui poussent chaque année au collet de la plante. On les éclate au moyen d'un bois ou d'un couteau en ayant soin de laisser au talon quelques racines. Les œilletons plantés au printemps donnent leur récolte en automne, si on les a bien soignés. On les plante en quinconce à un mètre de distance en tous sens, sans les trop enterrer et on arrose après la plantation. Quand l'hiver arrive on doit les butter et les couvrir. On déchausse légèrement le pied, on réunit les feuilles qu'on entoure de paille de seigle jusqu'en terre et on les rechausse. On peut aussi se servir de feuilles comme couverture. Au printemps on les découvre le jour et on les recouvre le soir à moins que le temps ne soit très doux.

Pour avoir de beaux artichauts on doit les renouveler tous les trois ou quatre ans et ne pas faire de plantation dans un terrain où une plantation antérieure d'artichauts s'est épuisée.

Si on désire avoir des artichauts jusqu'en hiver, il faut en cultiver une partie comme plante annuelle. On plantera les *œilletons* au printemps. Ils donneront leurs produits en automne. Puis on les arrachera pour recommencer la plantation l'année suivante. Les plans conservés pendant 4 ans donnant des artichauts au printemps et jusqu'en été, on aura ainsi de ce légume toute l'année.

Nous conseillons à ceux qui veulent obtenir des artichauts particulièrement tendres de recouvrir le bouton d'un sac de papier fort ou de toile, de façon à soustraire le fruit à la lumière.

On voit par ce qui précède combien cette culture peut être productive si elle est intelligemment conduite.

Les Champignons.

La réussite de la culture des champignons dépend surtout de la préparation de la meule de fumier sur laquelle doit se faire la cueillette. Ce fumier sera du fumier de cheval de trait fortement nourri et ne contenant pas trop d'urine. Le fumier n'est bon que lorsqu'il est en voie de décomposition. On s'en rend compte à sa couleur brune et quand on peut le tasser à la main et qu'il laisse une impression onctueuse et grasse. A ce moment on en fait une meule d'un mètre de haut en le plaçant par couches superposées. Puis on l'arrose pour pousser à la fermentation de façon qu'au bout de huit jours la température de la meule atteigne 20 degrés.

On mettra ce fumier dans des caves ou des carrières abandonnées dont la température varie entre 12° et 15°.

Sur ce fumier ainsi préparé on ensemencera *le blanc de champignons* qu'on trouve chez les marchands de graines. On le fait revenir pendant quelques jours dans une pièce humide. Puis on brise la plaque et on introduit les morceaux dans la meule très superficiellement et à 20 ou 30 centimètres de distance les uns des autres, de façon que la meule soit lardée de part en part.

Au bout de huit jours on aperçoit des filaments blancs et là où il n'y en a pas on doit ensemencer de nouveau. Vingt jours après toute la surface est recouverte de filaments blancs. — C'est le moment de procéder alors à ce qu'on appelle le *gobetage*, opération consistant à arroser légèrement, puis à recouvrir la meule de deux centimètres de terre très légère et humide sans être mouillée. On fixe et tasse cette terre en la battant légèrement avec une pelle ou une planche.

Six semaines après, commence la récolte qui se prolonge 4 ou 5 mois, à condition qu'on continue à arroser modérément la meule de fumier avec de l'eau additionnée de salpêtre.

Quand les champignons ont atteint la grosseur d'un œuf de pigeon, on les cueille tous les deux ou trois jours, et on rebouche les trous avec du terreau.

On montera donc une seconde meule quand la première commencera à donner et ainsi de suite autant que la place le permettra ; de cette façon on aura sans cesse des champignons.

Une fois la meule épuisée le fumier est aussi bon qu'auparavant pour l'engrais.

Il ne faudrait cependant pas se méprendre sur cette petite industrie qui, à l'heure actuelle, offre certains aléas, ainsi, par exemple, les champignonnières voisines des grandes routes très passantes sont exposées à donner des mécomptes à leurs propriétaires, à cause de la trépidation causée par les automobiles et qui désagrège les meules.

Les champignons se vendent aux intermédiaires ou aux halles de 1 fr. à 2 fr. le kilog suivant les cours. On en trouve le débouché chez les mandataires des halles, chez les épiciers et chez tous les fabricants de conserves alimentaires (1).

Nous aurions pu ajouter bien d'autres chapitres a ce petit guide de l'homme des champs désireux de rester à la campagne sous le vaste ciel et dans l'air pur, mais tel qu'il est nous pensons qu'il suggérera, par les indications fournies, divers travaux que nous avons dû forcément passer sous silence, laissant aux campagnards intelligents et industrieux le soin de les découvrir et de les réaliser. Heureux serons-nous si nos lecteurs peuvent donner la preuve qu'ils ont su faire plus et mieux !

---

(1) Nous tenons à mettre nos lecteurs en garde contre certaines annonces offrant des revenus mirobolants rapportés par des champignonnières. Certains industriels aussi habiles que malhonnêtes se font, grâce à la complicité de la quatrième page des journaux, en exploitant la crédulité de gens inexpérimentés et confiants, de magnifiques revenus. Nous nous sommes laissé dire que l'un de ces spécialistes, en revendant plusieurs fois dans la même année les mêmes champignonnières, gagnait une centaine de mille francs.

Pour l'exportation des fruits et légumes. — S'adresser, soit à l'*Office national du Commerce extérieur*, 3, rue Feydeau, Paris, soit à la *Direction du service commercial de la* Cie *P.-L.-M.*, boulevard Diderot, 20, Paris.

TABLE DES MATIÈRES

INTRODUCTION

I. — Les petits métiers.

II. — Les petites cultures.

Bar-le-Duc. — Impr. Brodard, Meuwly & Cⁱᵉ. — 5123,

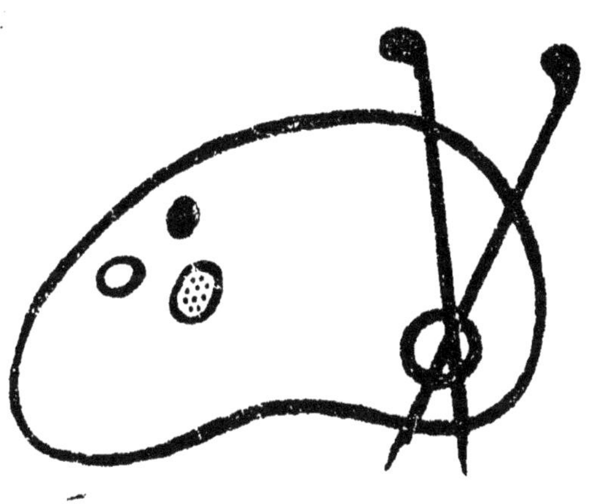

Original en couleur

NF Z 43-120-8